Toni Anzenberger

Pecorino in München

Ein Hund geht um die Welt

ars vivendi

Impressum

Originalausgabe

www.arsvivendi.com

Gestaltung und Typografie:
Armin Stingl, Norbert Treuheit
Lektorat: Sabine Cramer
Druck: Dipla, Marktheidenfeld

ISBN 3-89716-366-7

Foto unten:
Der Himmel über Pecorino, Elisenstraße

Fotos rechts:
Pecorino im Alter von einem Monat
Pecorino mit Halbbruder Luigi (links) und Bruder Levis (rechts)

Fotos auf der letzten Seite:
Pecorino mit Foto-Assistentin und »Mama« Elisabetta
Jessica und Pecorino mit Toni Anzenberger

Fotos auf dem Buchumschlag:
Bierpecorino, Paulaner Bräu (Titel)
Ausnüchterungspecorino II, Hotel Bayerischer Hof (Rückseite)

Mit Dank an die Besitzer von Pecorinos Freundin Jessica, Familie Kowald aus Graz/Österreich, und Bettina Hödlmoser für die Mitarbeit am Buch.

Gewidmet Familie Gambarin

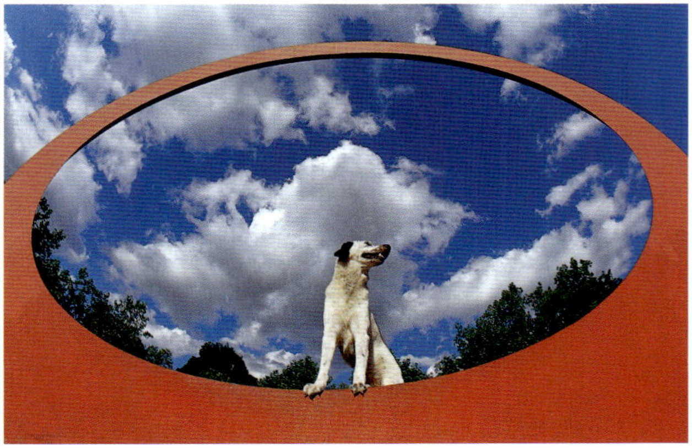

Pecorino

Mein Hund *Pecorino* kam an einem Ort zur Welt, an dem es zu viele Hunde gibt: Ein Bauernhof bei Verona, das Elternhaus meiner Freundin. *Pecorino* stammt aus Verhältnissen, die man gemeinhin als »schwierig« bezeichnet: Viele Geschwister, früh verwaist. Sein Vater, ein weißer Labrador, lebte auf dem Nachbarhof, bevor er eines Tages nicht mehr da war. Kurz darauf verschwand auch die Mutter – und wurde bald vergiftet aufgefunden. *Pecorinos* Geschwister fanden schnell ein neues Zuhause, nur der zurückhaltende Weiße mit den schwarzen Ohren blieb übrig. »Die Letzten werden die Ersten sein«, dachte ich mir, machte ihn zu meinem Begleiter und taufte ihn *Pecorino*, »Schäfchen« – wie ich mir mit meinem damals eher assoziativen Italienisch dachte. Mittlerweile hat mir *Pecorino* hoffentlich verziehen, dass er den Namen einer Käsesorte trägt. ¶ Als Reportagefotograf ist es nicht immer einfach, sich mit der nötigen Aufmerksamkeit um einen Hund zu kümmern. Genau genommen hatte ich damals nur zwei Möglichkeiten: *Pecorino* verbringt die Zeit, die ich auf Reisen bin, bei den Eltern meiner Freundin oder er reist mit mir. Weil es nicht ganz ungefährlich gewesen wäre, ihn auf dem Bauernhof einzuquartieren, entschloss ich mich, *Pecorino* mitzunehmen. ¶ Unsere erste gemeinsame Reise ging in die Toskana und *Pecorino* musste erfahren, dass man auch im Auto seekrank werden kann. Als ich eines Nachmittags an einer Panorama-Aufnahme tüftelte und eben auf den Auslöser drückte, lief *Pecorino* plötzlich mitten durchs Bild. Im ersten Moment ärgerte ich mich über die Undiszipliniertheit meines Hundes und schimpfte ein bisschen mit ihm. Aber nach einem Blick auf das entwickelte Foto bat ich ihn für diese vorschnelle Reaktion um Verzeihung. Erstaunt stellte ich nämlich fest, dass *Pecorino* das eigentlich kitschige Landschaftsbild auf eine interessante Art belebte. ¶ So begann ganz ungewollt *Pecorinos* Karriere als Fotomodell. Mittlerweile ist *Pecorino* ein echter Profi geworden: Er lässt sich nicht mehr durch andere Hunde von der Arbeit ablenken und hält zuverlässig still, bis ich die richtigen Einstellungen gefunden habe. Zum Glück hat er sich von den negativen Seiten des Model-Business bisher fern gehalten: Keine Starallüren, keine Drogen, keine wilden Partys – zumindest so weit ich weiß ... Ich bemühe mich auf jeden Fall, ihm ein möglichst normales Hundeleben zu lassen. Er kann in seiner Freizeit mit anderen Hunden spielen, Löcher im Garten graben oder seine Freundin besuchen. Oder einfach mal so mit mir spazieren gehen – ohne Kamera. *Toni Anzenberger*

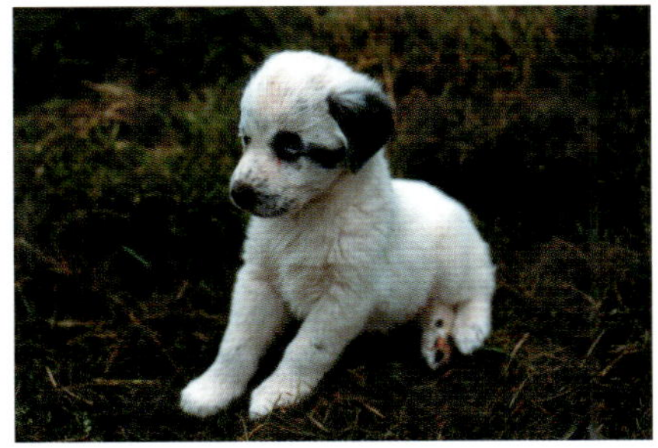

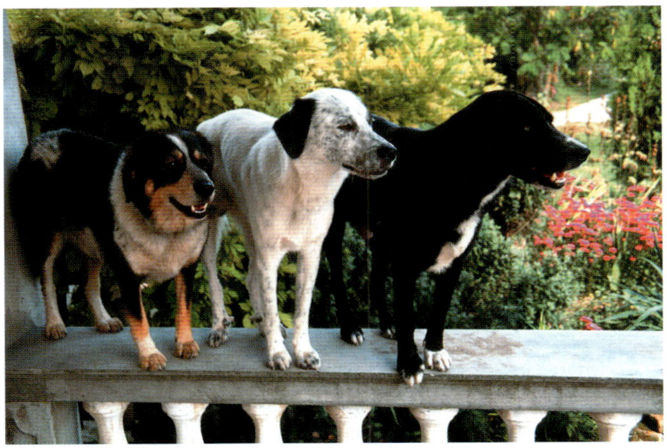

Irgendwann kommt die Zeit, in der sich jeder nach der
großen Liebe sehnt. Denn was ist das Leben schon,
wenn man den Mond immer alleine anheulen muss
und kein Pfötchen zum Halten hat?
Ein Hundeleben ...?

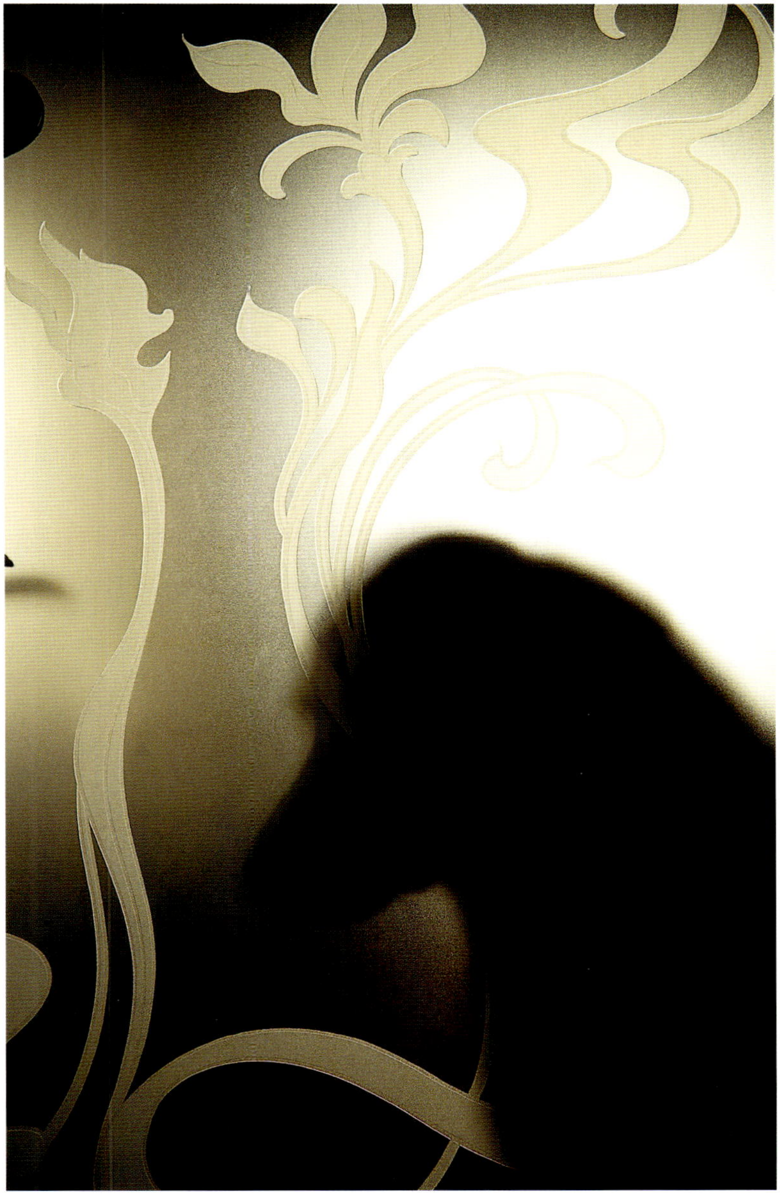

Einsamkeitspecorino · Hotel Bayerischer Hof

Warum sollte es da ausgerechnet einem Hundemann anders gehen? Aber Trübsal blasen hat bekanntlich noch nie viel geholfen. »Probleme wollen bei den Hörnern gepackt werden!«, hatte Mozzarella, meine resolute alte Freundin auf dem Bauernhof, immer gesagt.
Und auch wenn sie in gewisser Weise eine dumme Kuh war – manchmal brachte sie die Dinge auf den Punkt.
Nur, wie sollte ich das anstellen?
Und vor allem – wo sollte ich damit anfangen?
Da fiel mir wieder ein, was ich ein paar Tage zuvor im Vorbeigehen auf einem Aufkleber gelesen hatte:
München – Stadt mit Herz.
Das konnte doch nur ein Zeichen sein! Nichts wie hin!

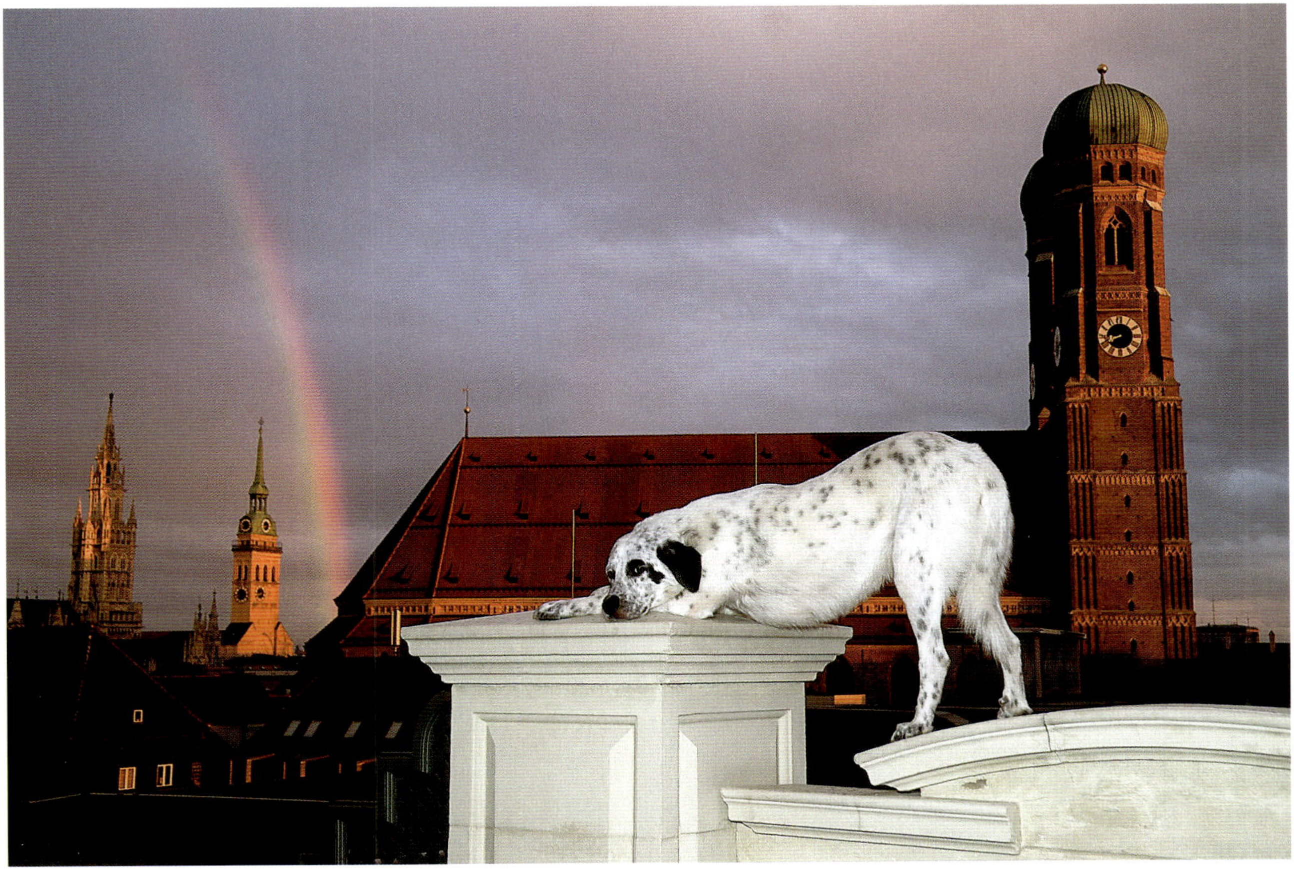

Regenbogenpecorino · Blick vom Bayerischen Hof auf die Frauenkirche und das Rathaus

Doch ohne die richtige Vorbereitung kann ein Eroberungs-
streifzug ganz schnell zum Spießrutenlauf werden.
»Als Tiger losgesprungen und als Bettvorleger gelandet!« –
noch so ein Spruch von Mozzarella ...
Bevor man die Bühne betritt, sollte man sich seine Stärken
bewusst machen und überlegen,
wer man ist, was man kann, was man hat. Also los:
Erstens: Ich bin stark wie ein Löwe.

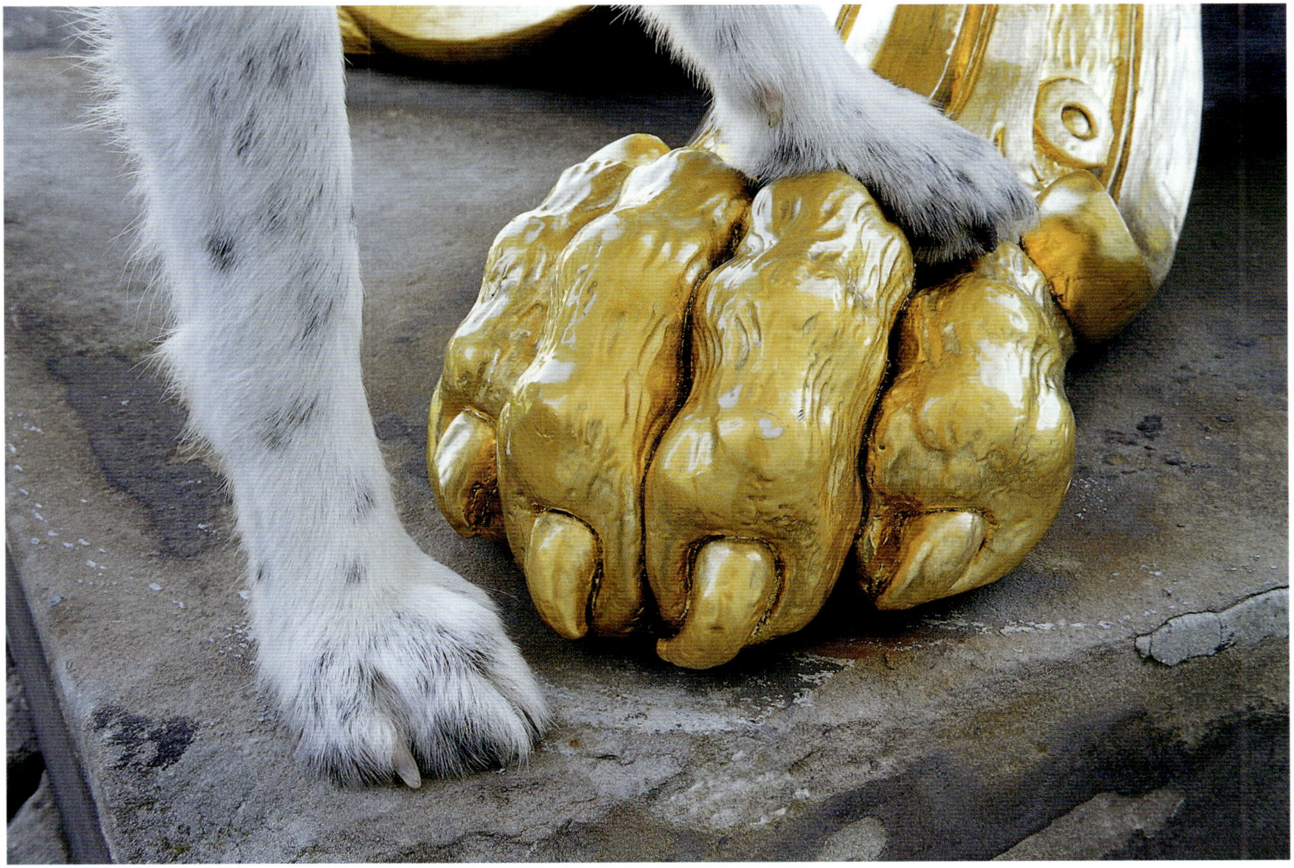

Ringkampfpecorino · Schloss Nymphenburg

Zweitens: Ich bin sehr geschickt im Weißwurstklauen.

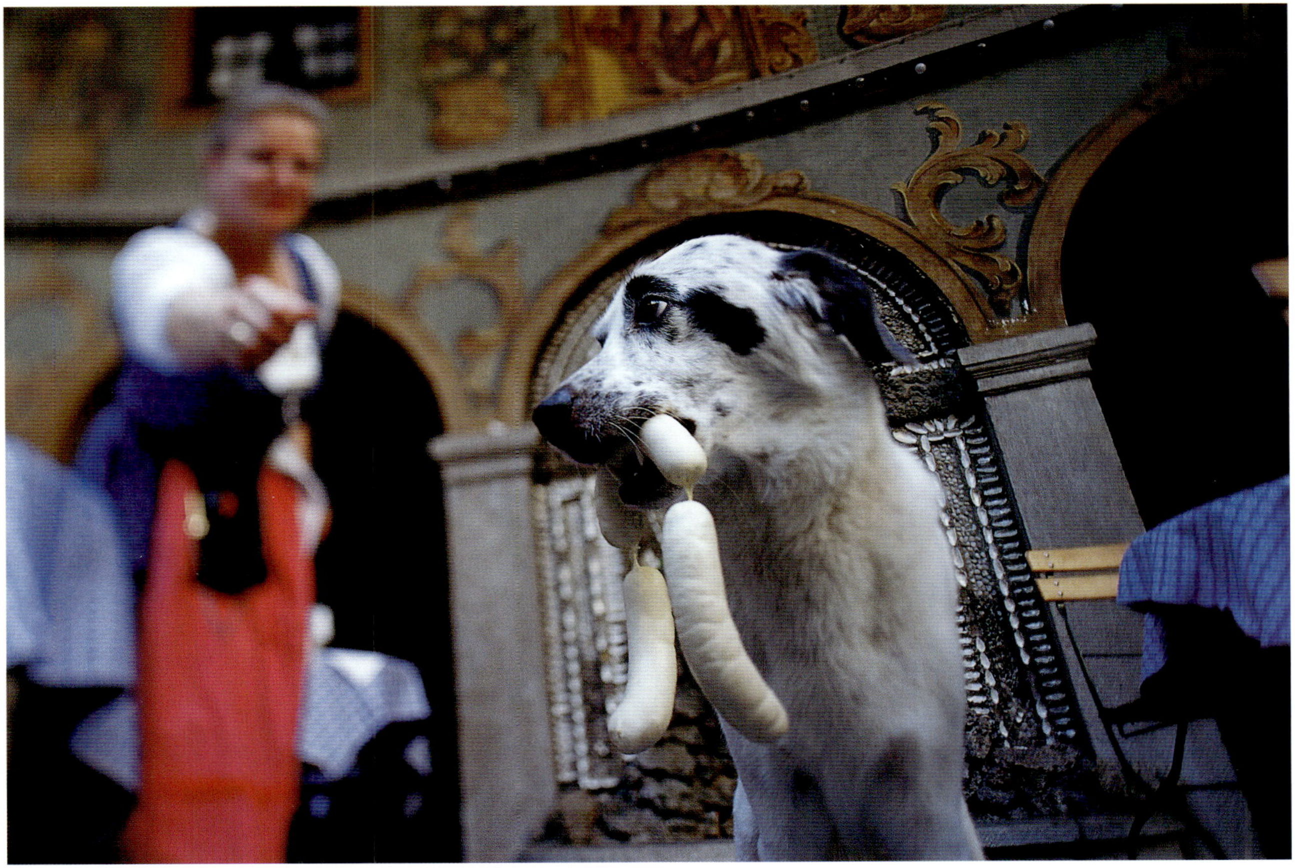

Weißwurstpecorino · Augustiner-Bräu, Neuhauserstraße

Drittens: Durch meinen Job als Fotomodell
verfüge ich über jede Menge Geld
und einen tollen Schlitten.

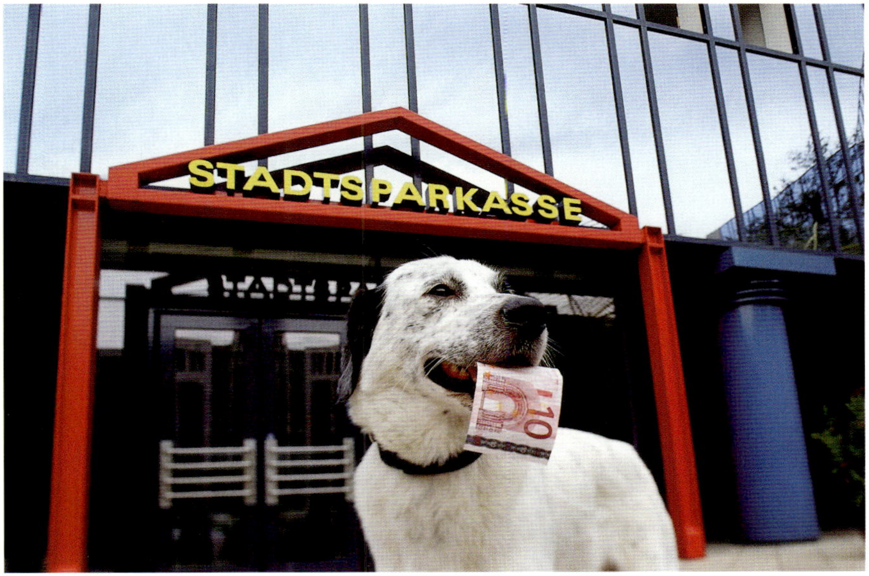

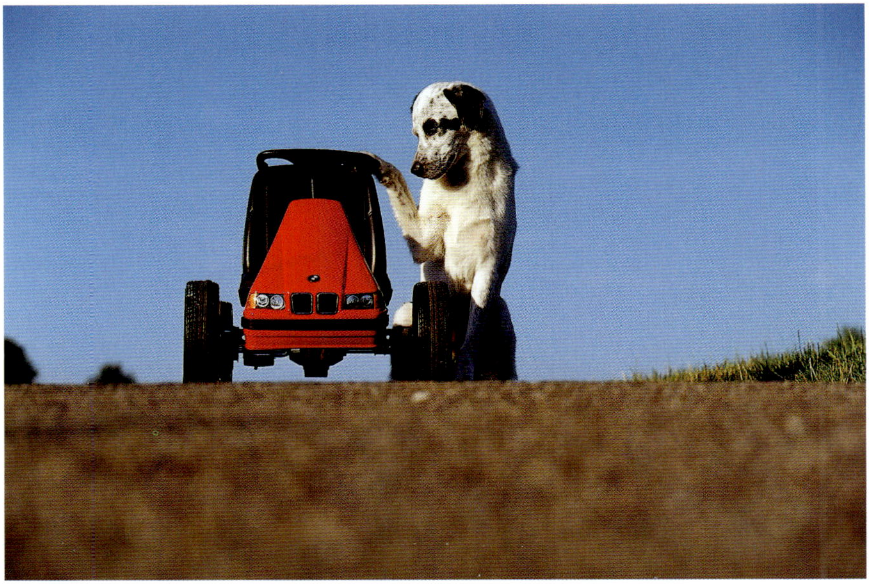

Sparkassenpecorino
Stadtsparkasse
BMW-Pecorino · Olympiapark

Trotz all dieser unübersehbaren Vorzüge war ich mir meiner dann doch nicht mehr ganz so sicher:
Was sollte ich bloß sagen, wenn sie schließlich vor mir stehen würde? Lieber vorher noch ein bisschen Mut antrinken!
Wenn die in München nur nicht so große Gläser hätten ...
Denn nach nur einem einzigen Bier begann sich auf einmal alles um mich zu drehen ... und zu drehen ... und zu drehen ...

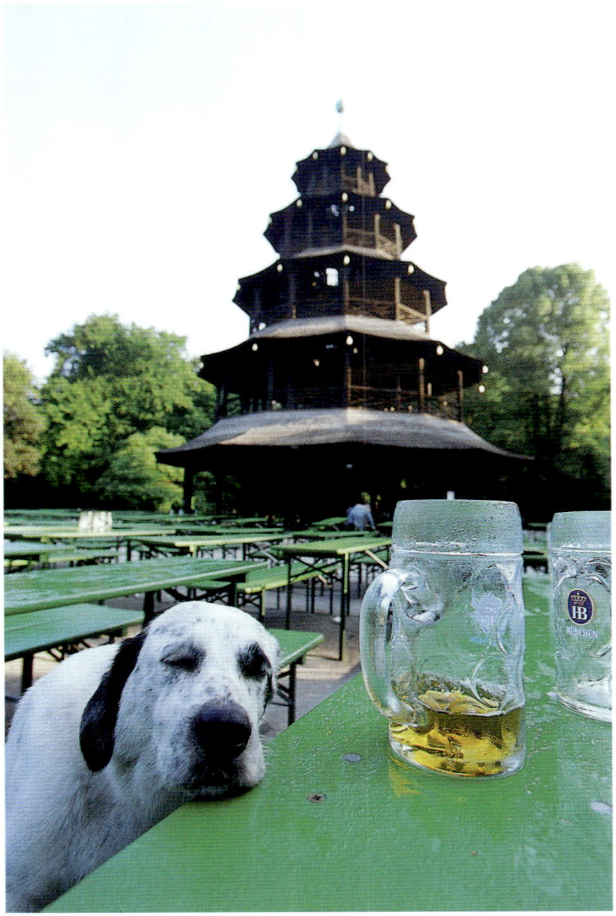

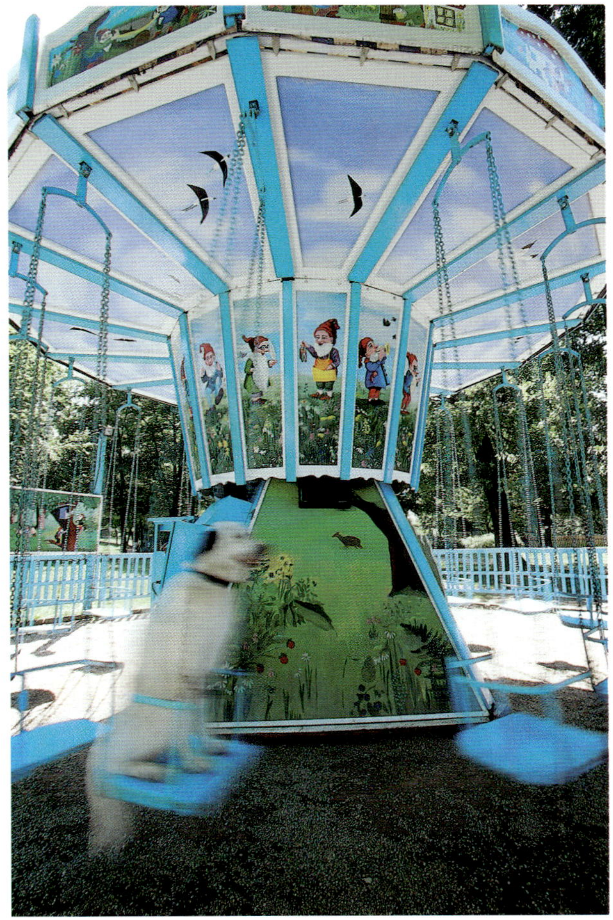

Rauschpecorino · Englischer Garten,
Chinesischer Turm
Pecorinenkarusell · Hirschgarten

Ich war so betrunken, dass ich künstliche Bäume kaum mehr von echten unterscheiden konnte! Wie peinlich …

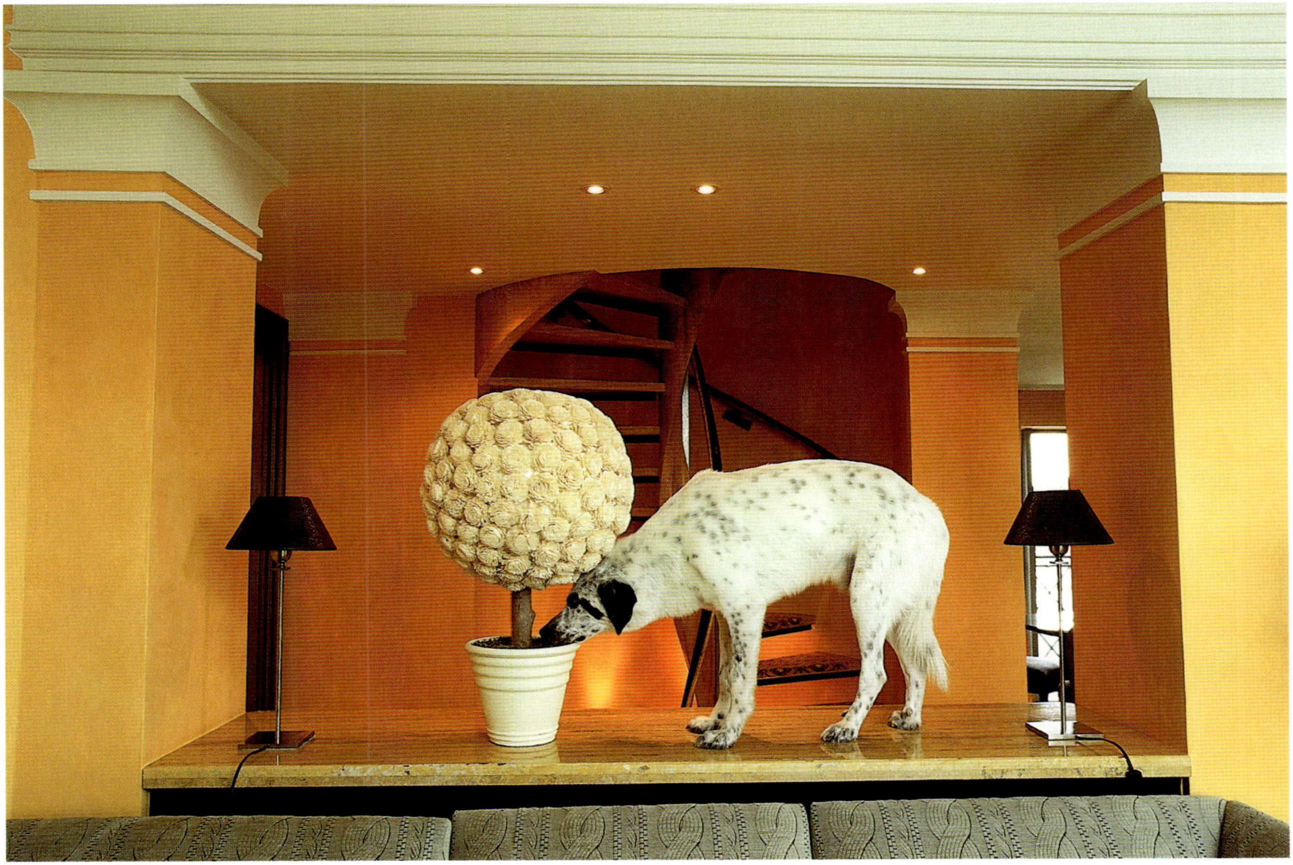

Markierungspecorino · Hotel Bayerischer Hof

Dass ich so unmöglich meiner großen Liebe vor die Augen treten konnte, war mir Gott sei dank noch klar. Jetzt half nur noch ein Ausnüchterungsschläfchen.
»Morgen ist schließlich auch noch ein Tag!«, tröstete ich mich.

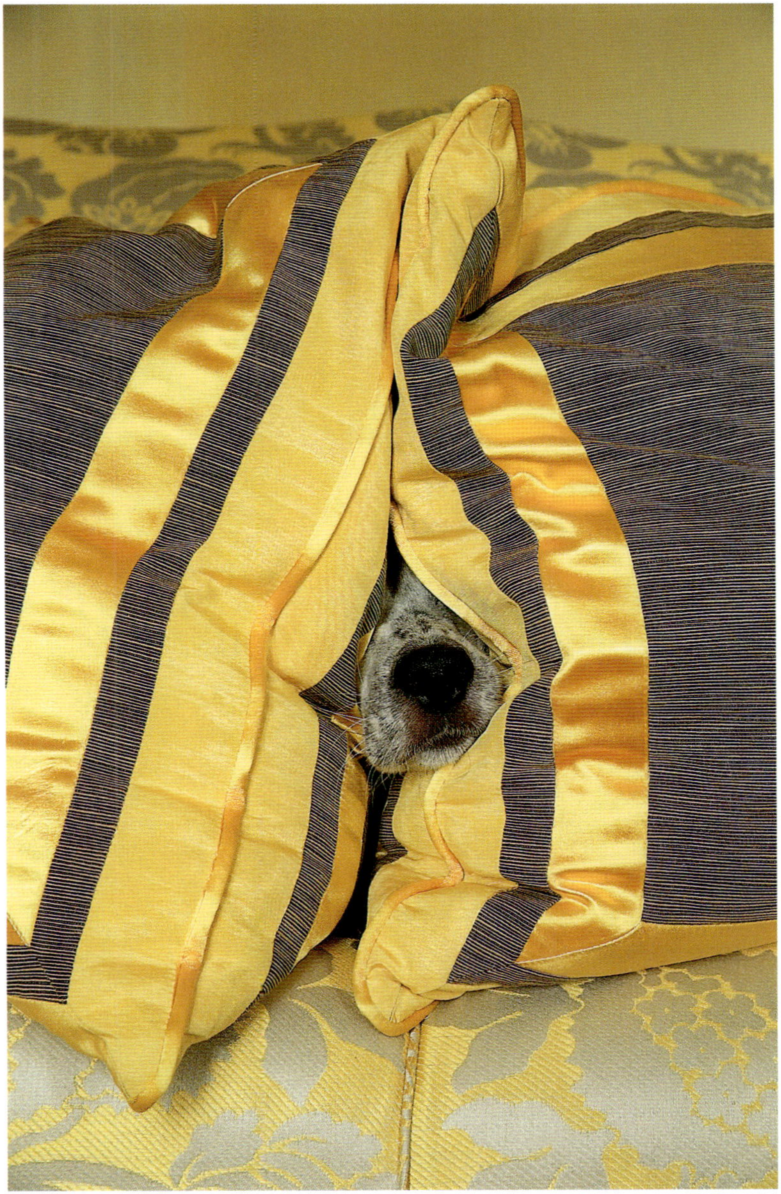

Ausnüchterungspecorino · Hotel Bayerischer Hof

Neuer Tag, neues Glück: Am nächsten Morgen
war oben wieder oben und unten wieder unten und
ich holte neuen Mut. Heute würde ich sie finden,
meine Traumfrau, ganz bestimmt!
Ich war bereit, die Stadt bis in den letzten Winkel nach
dem Herz, das mit meinem im Takt schlug, zu durchsuchen.
Jetzt hieß es nur noch: Augen aufmachen!

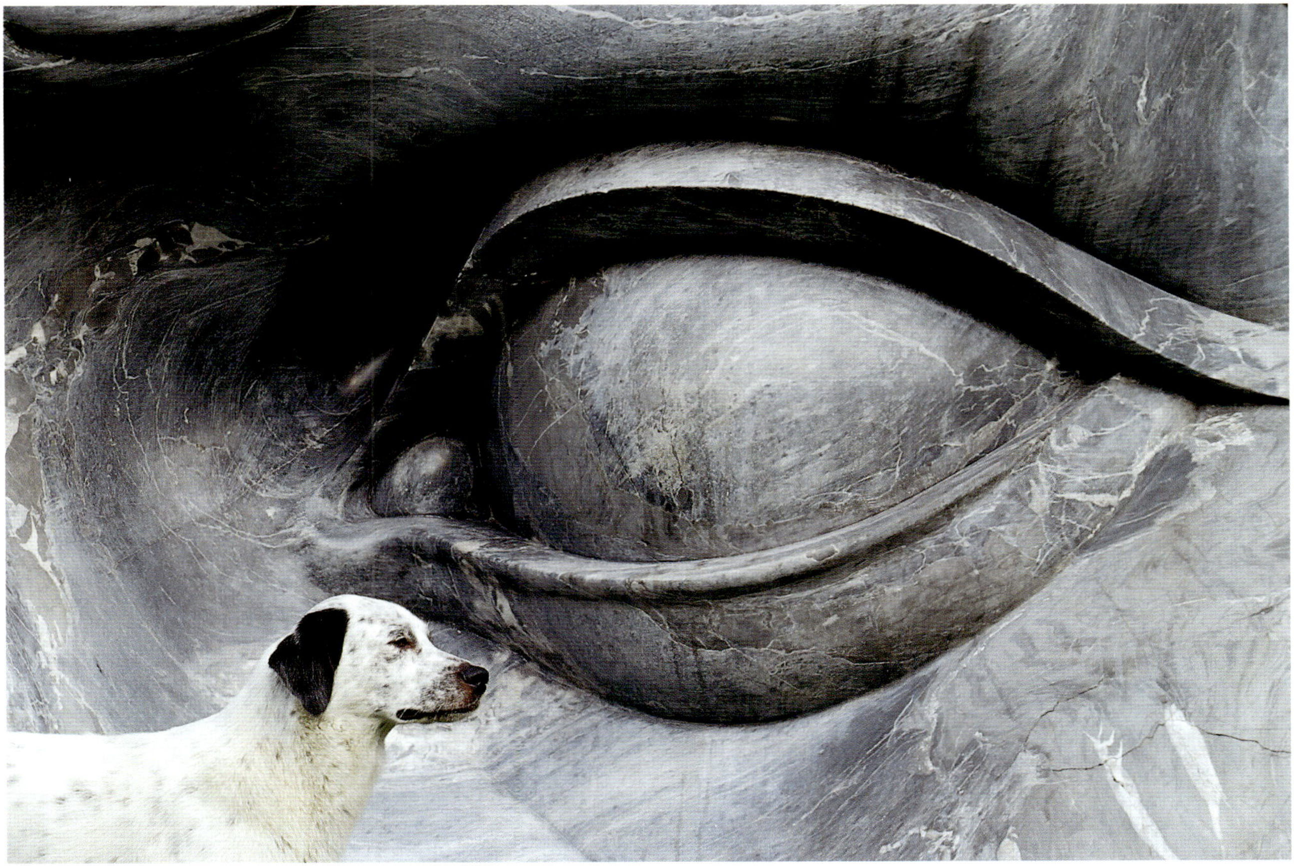

Augenpecorino · Vor dem Nordbad

Fremde Hilfe war dabei natürlich
sehr willkommen,
ebenso wie eine Nachhilfestunde in Sachen Geduld ...

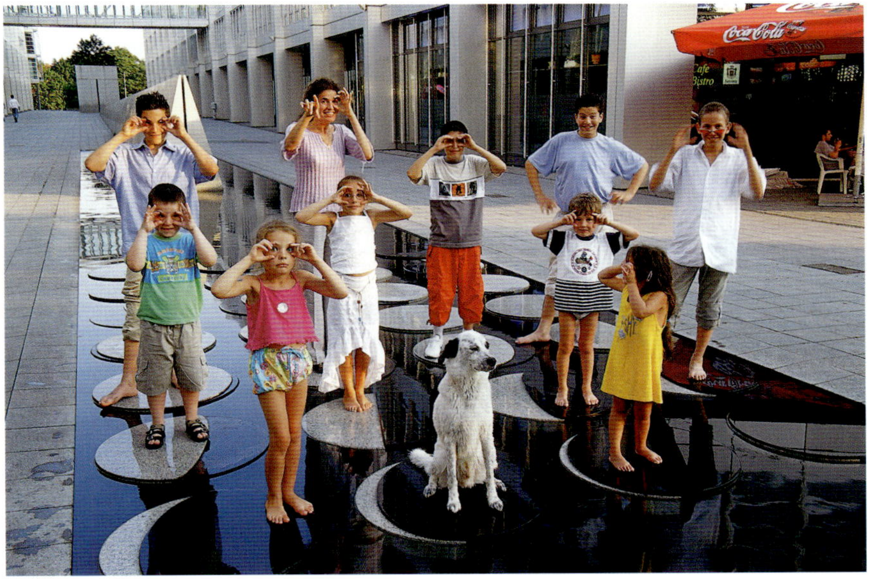

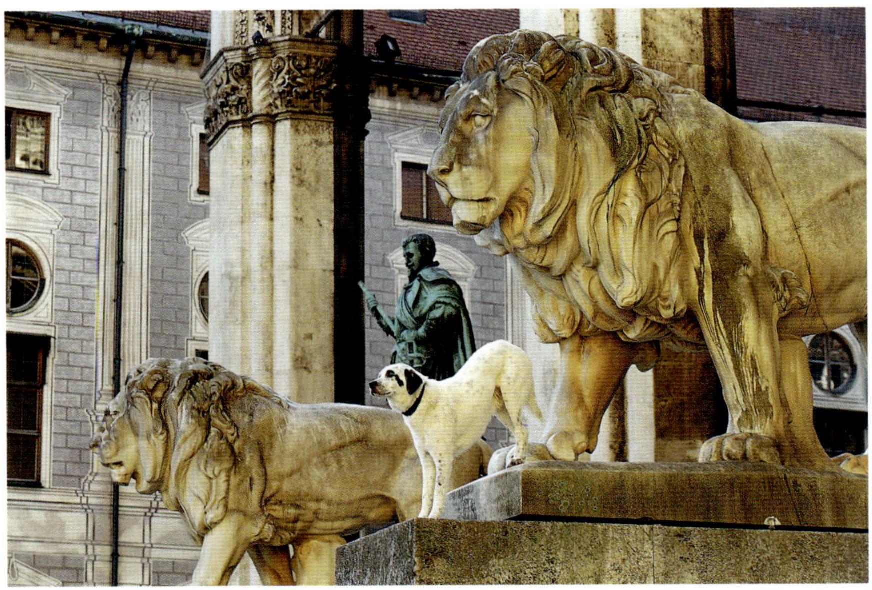

Freundeskreispecorino
Brunnen bei der Hackerbrücke
Feldherrnpecorino
Feldherrnhalle

Aber wo genau sollte ich suchen? Ich entschied mich,
mir erstmal einen Überblick zu verschaffen:
Vom Dach des Olympiastadions blickte ich in
alle Himmelsrichtungen.
Was war denn das da hinten? So eine große Wiese
mitten in der Stadt? Das sah vielversprechend aus ...

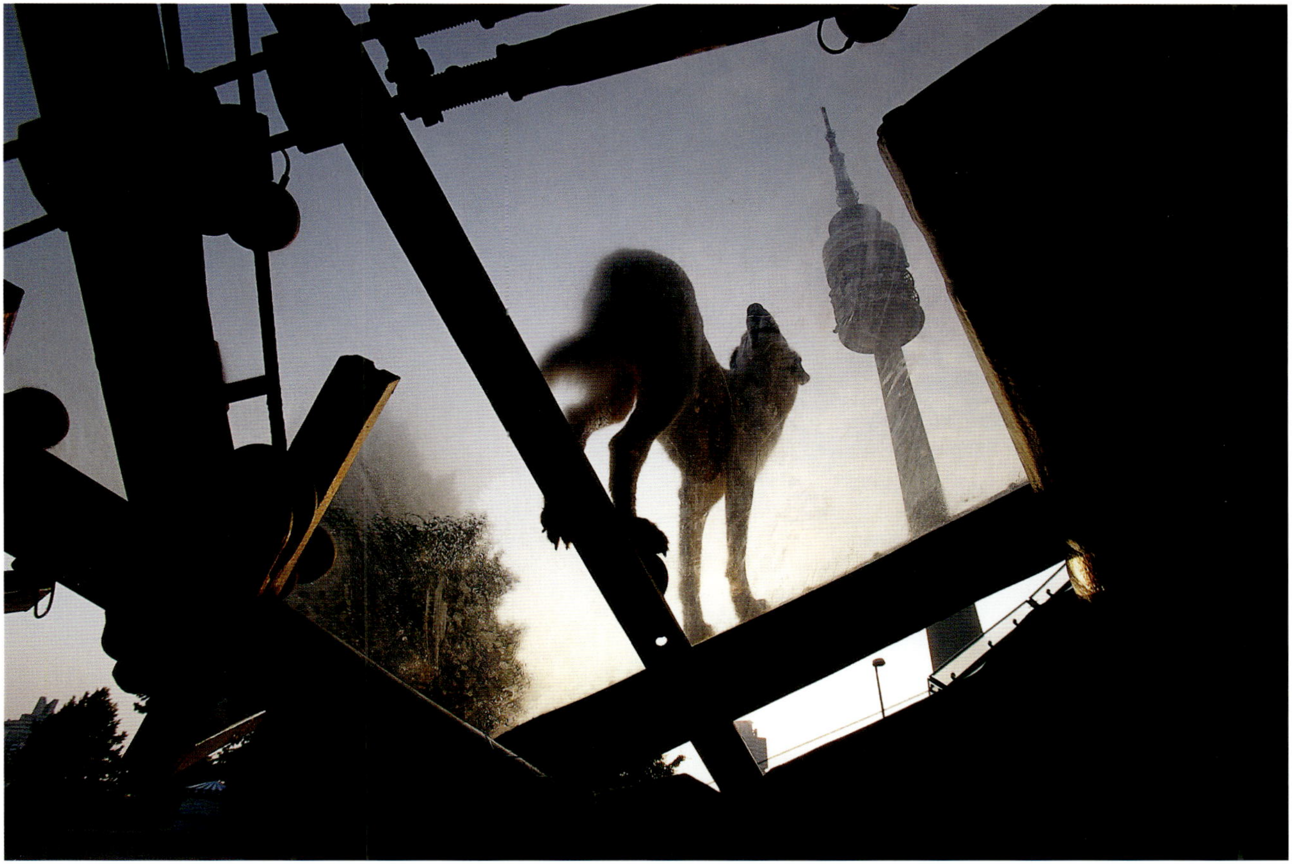

Olympiapecorino · Olympiastadion

Nach kurzer Zeit war ich auch schon auf der großen Wiese angekommen – mein Herrchen nennt sie auch »Englischer Garten« – und bemerkte eine Unmenge von interessanten Duftmarken. Aber schon bald war ich mir sicher: sie war nicht dabei. (So was spürt man einfach …)

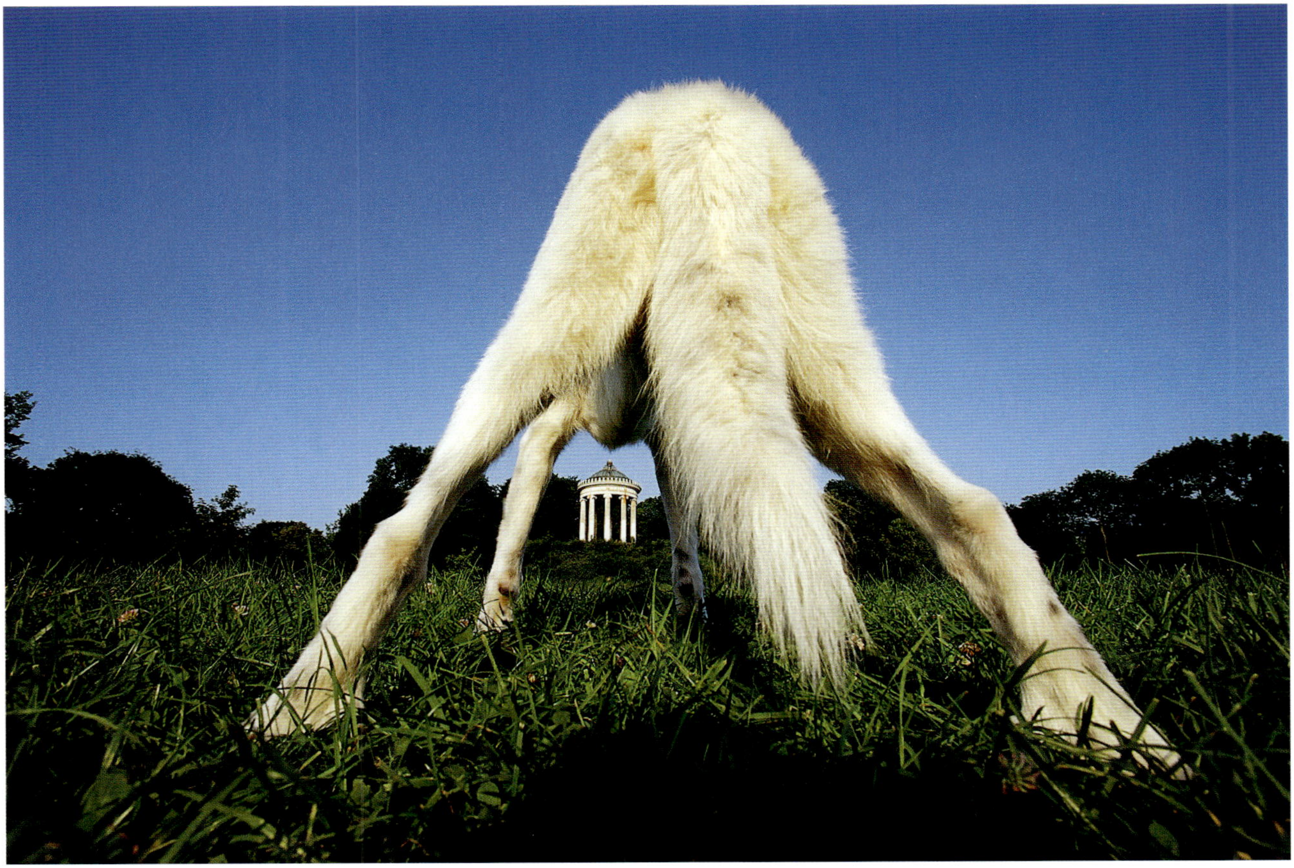

Englischer Pecorino · Englischer Garten

Auch bei meiner nächsten Station, dem Cuvilliés Theater,
wo man stets feine Damen treffen kann,
wie Toni mir erzählte – Fehlanzeige!

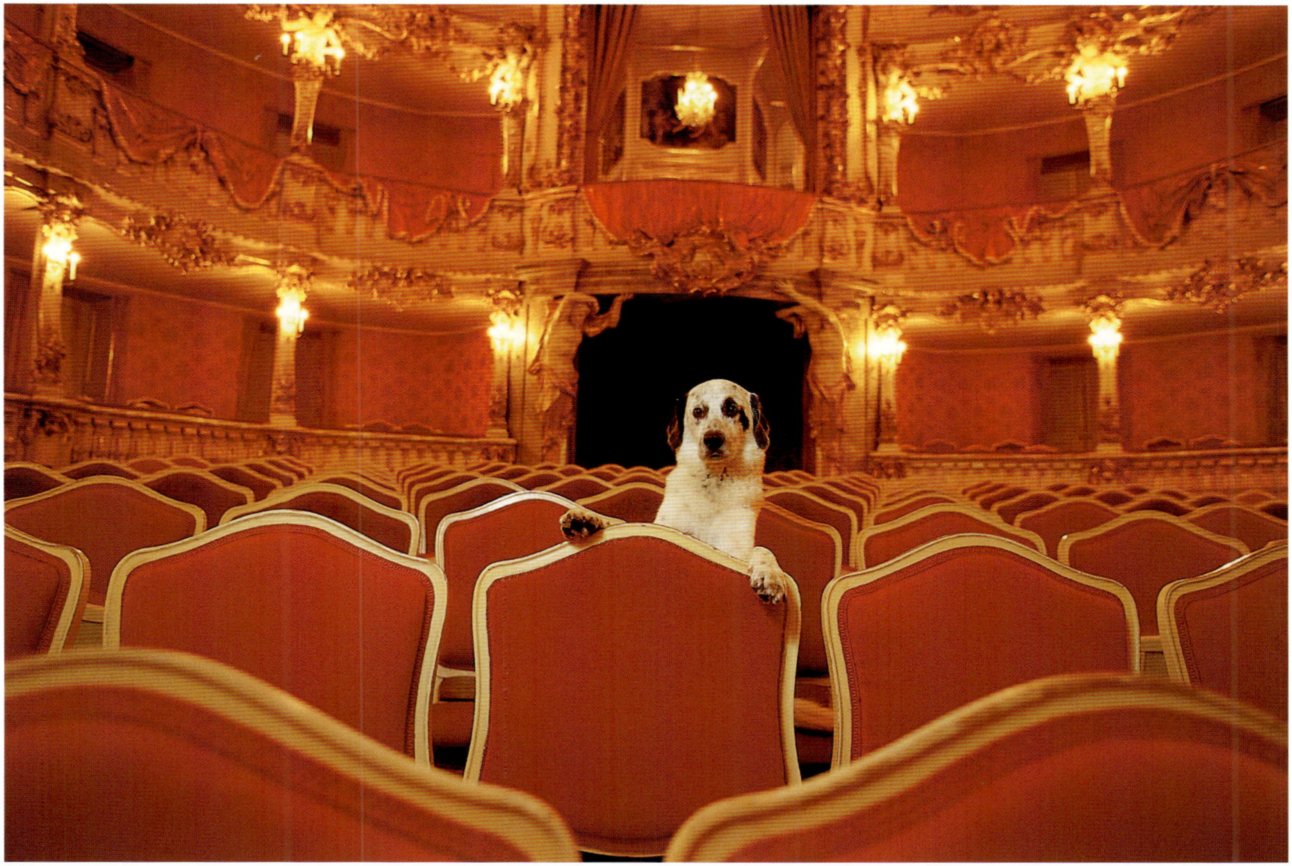

Logenpecorino · Cuvilliés Theater

Trotz dieser Rückschläge kam aufgeben für mich nicht in Frage. Was hatte Mozzarella immer gesagt?
»Wo ein Wille ist, da ist auch ein Weg.«

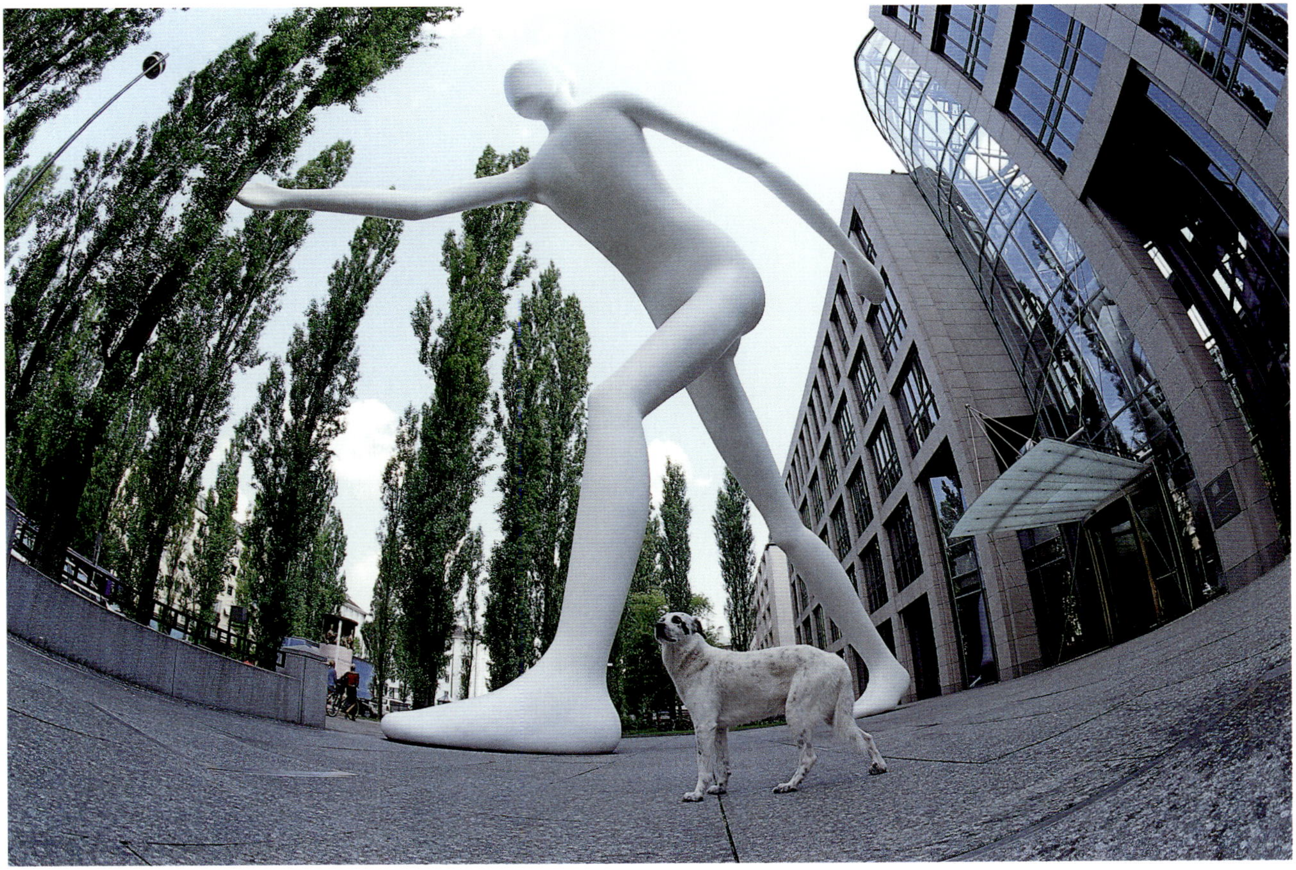

Walking Pecorino · Walking Man, Leopoldstraße

Mein Weg führte an einer symbolträchtigen
Häuserwand vorbei,

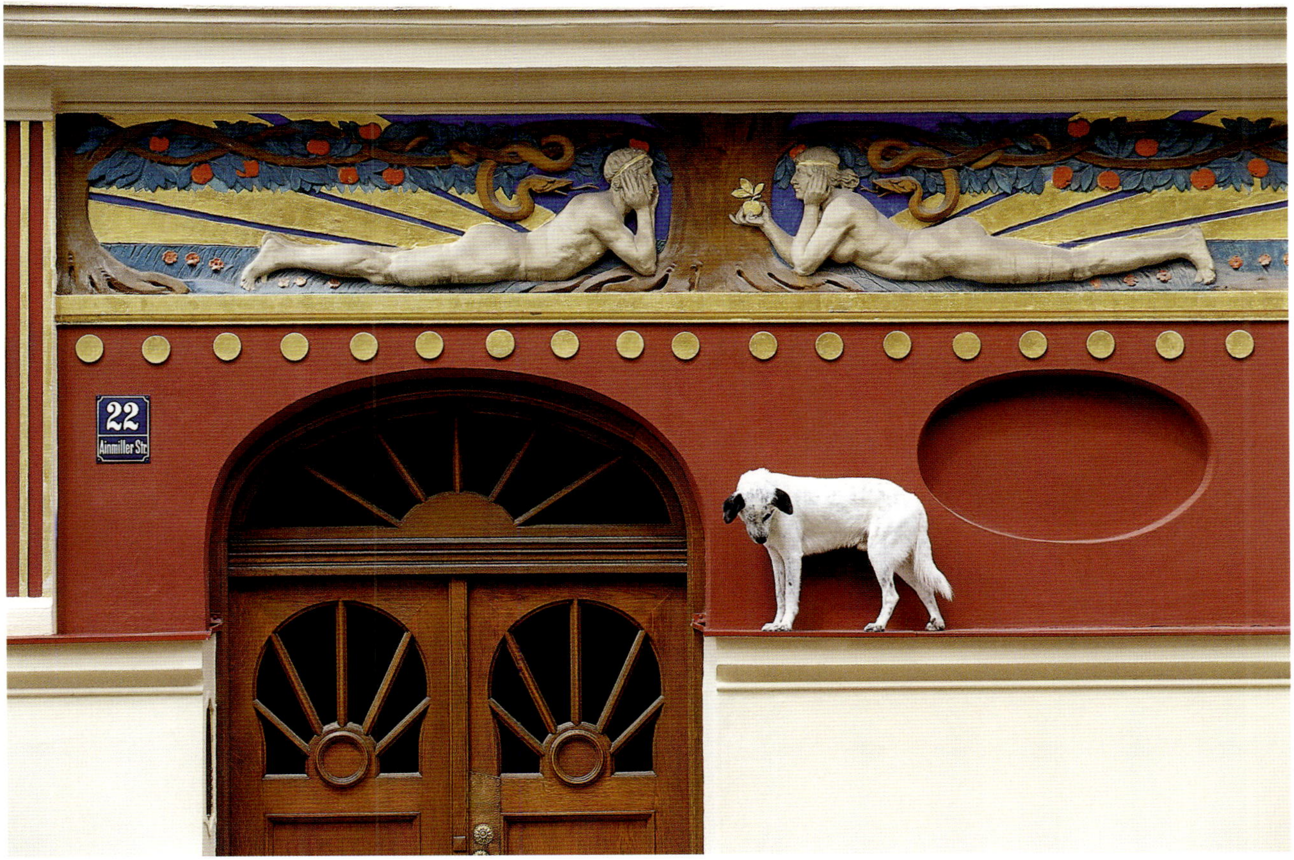

Sündenpecorino · Jugendstilhaus in der Ainmillerstraße

an Münchner Originalen …

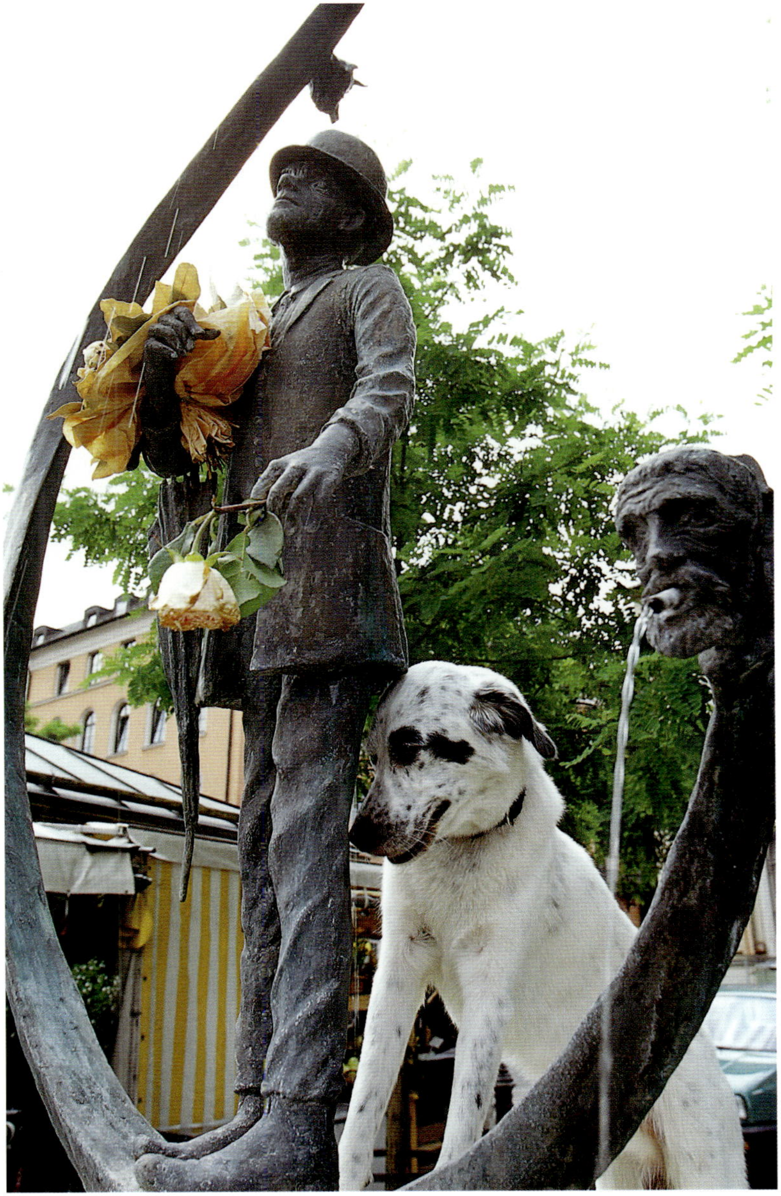

Valentinspecorino · Valentinbrunnen, Viktualienmarkt

... und anderen Sehenswürdigkeiten.

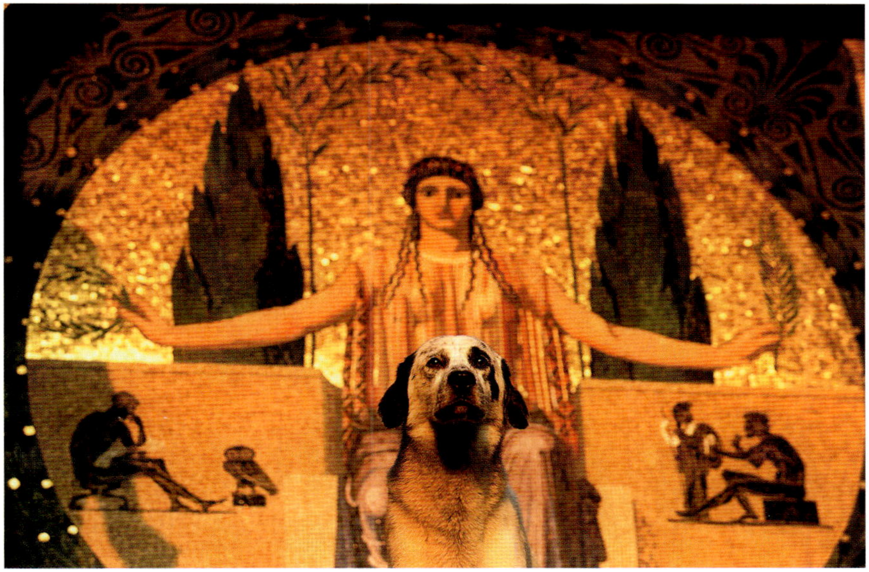

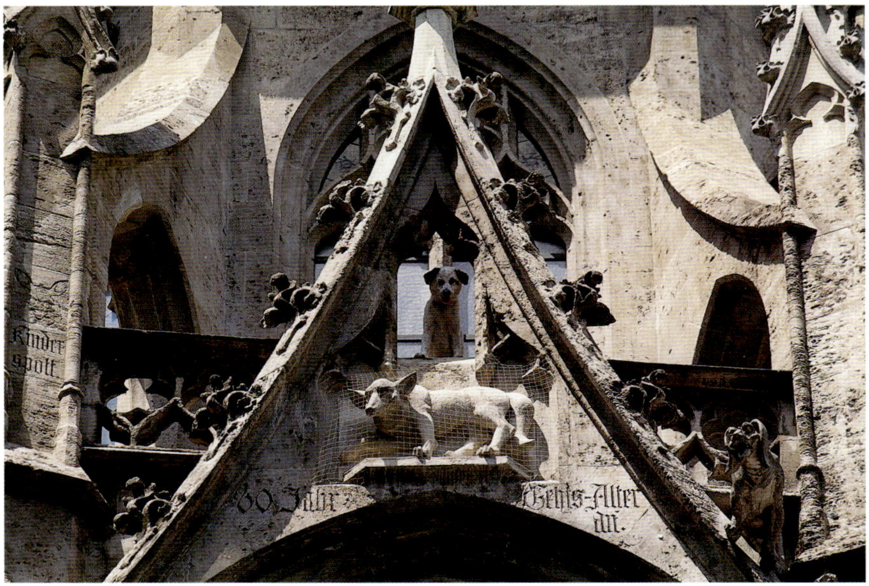

Friedenspecorino
Friedensengel Denkmal
Fabelwesenpecorino · Rathaus

Irgendwann, liebe Mozzarella, hilft aber auch der stärkste Wille nicht mehr. Ich war hundemüde und wollte nur noch eins: ein kleines Nickerchen machen. Erschöpft von all den neuen Eindrücken schlummerte ich auf dem kühlen Steinboden ein.

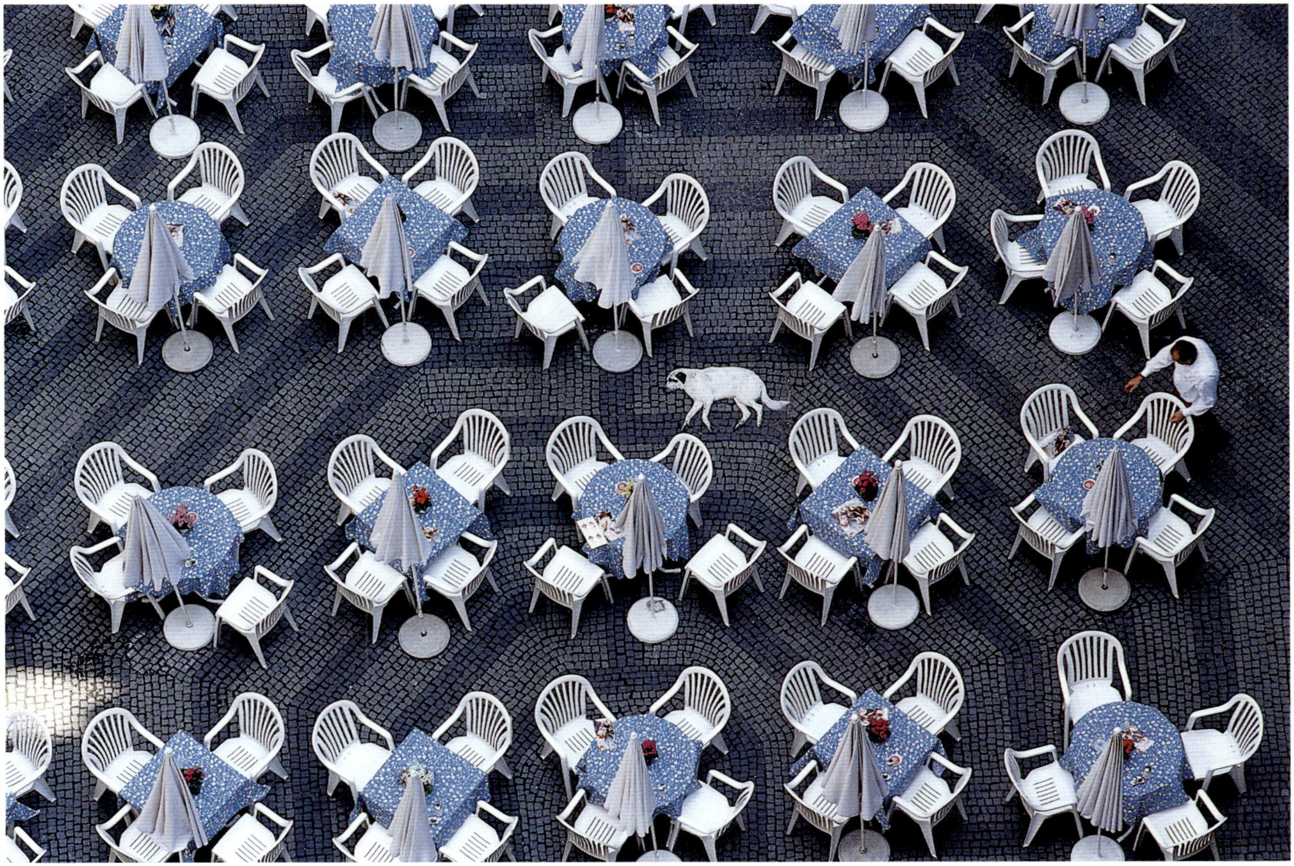

Gastgartenpecorino · Rathaus

Ich träumte von einem wunderschönen Hundemädchen, das auf einem Storch sitzt. Wer war sie, und was hatte wohl der Storch zu bedeuten? Noch ehe ich mir das wirklich überlegen konnte, war sie auch schon wieder verschwunden.

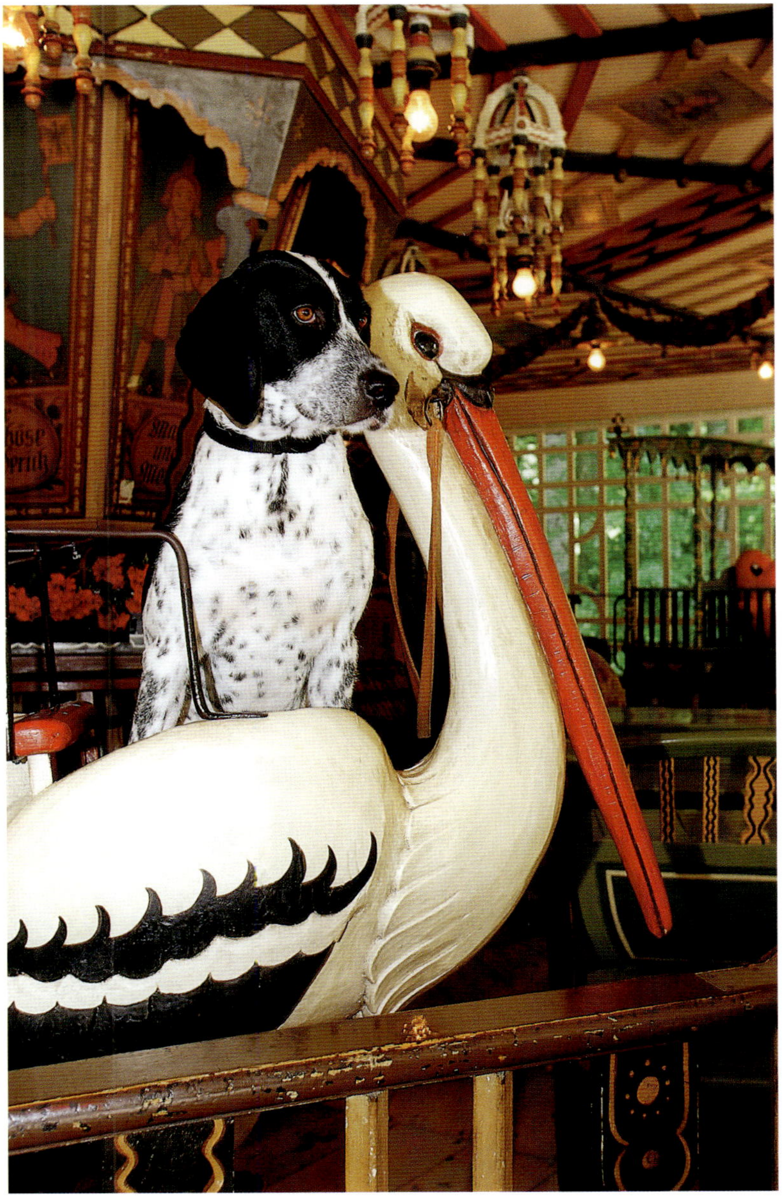

Jessica und Storch · Karusell beim Chinesischen Turm

Nach der Siesta machte ich mich wieder auf den Weg.
Diesmal versuchte ich es auf dem Königsplatz.
Irgendetwas in meinem rechten Augenwinkel erregte plötzlich
meine Aufmerksamkeit. Zuerst dachte ich, ich müsse
mich täuschen oder würde vielleicht doch noch schlafen.
Aber dann wurde mir plötzlich klar: Das hier ist Wirklichkeit.
Leibhaftig lag sie da im Gras, die Frau aus meinem Traum,
und schaute zu mir herüber. Oh, diese Augen!
Ich bekam ganz weiche Knie …
Ich nahm all meinen Mut zusammen und ging schnurstracks
auf sie zu. Überraschenderweise gelang es mir, mich ihr
vorzustellen, ohne zu stottern. Und zum Glück fiel mir auch
gleich ein, wie ich Jessica – so hieß sie nämlich –
für mich einnehmen konnte:
ein Weißwurst-Picknick im Park.

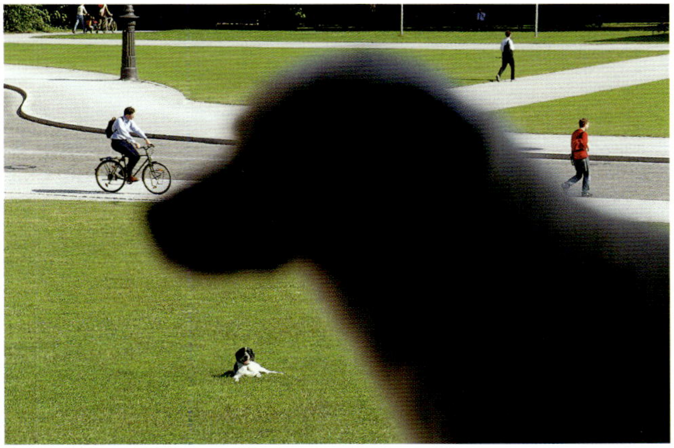

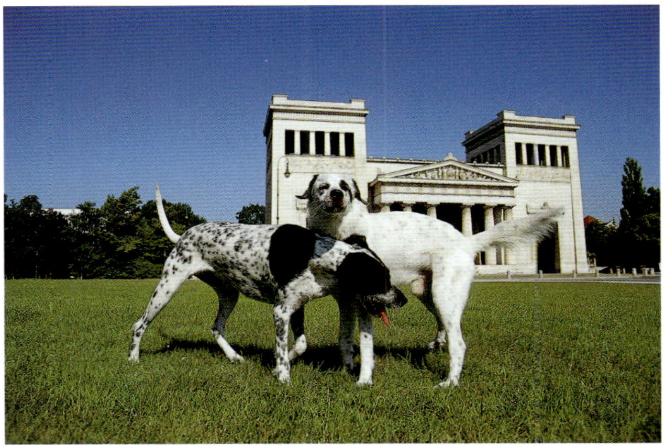

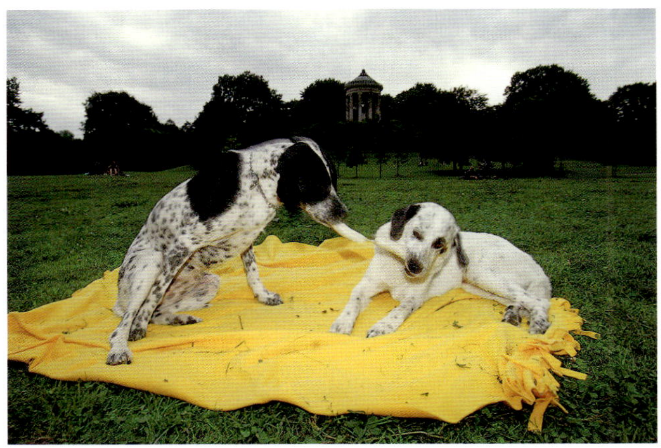

Brautschaupecorino · Königsplatz
Begegnungspecorino · Königsplatz
Picknickpecorino · Englischer Garten

Danach lud ich Jessica zu einer romantischen Fahrt
in einer märchenhaften Kutsche ein und auch für die Nacht
kam nur das Beste vom Besten in Frage:
Eine Suite in einem der ersten Hotels am Platze
war gerade gut genug für uns.

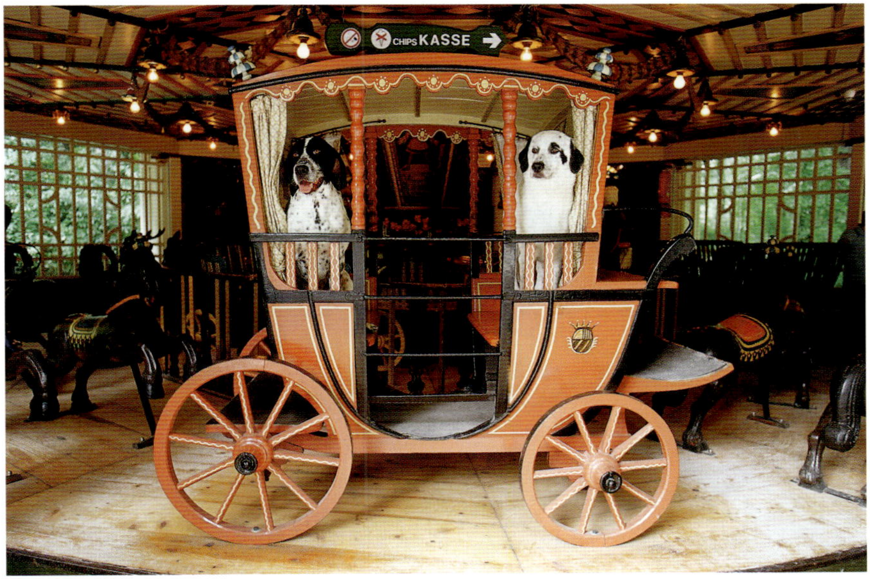

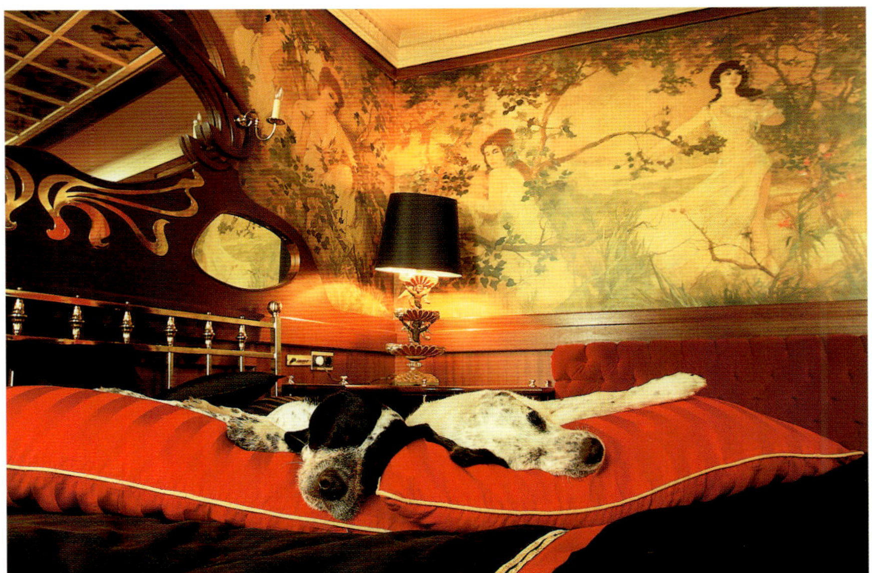

Kutschenpecorino
Karusell im Englischen Garten
Liebesnachtpecorino
Hotel Bayerischer Hof

München ist schön bei Nacht
und so ein Hundeleben eigentlich auch.
Besonders, wenn man den Mond nicht alleine anheulen muss.

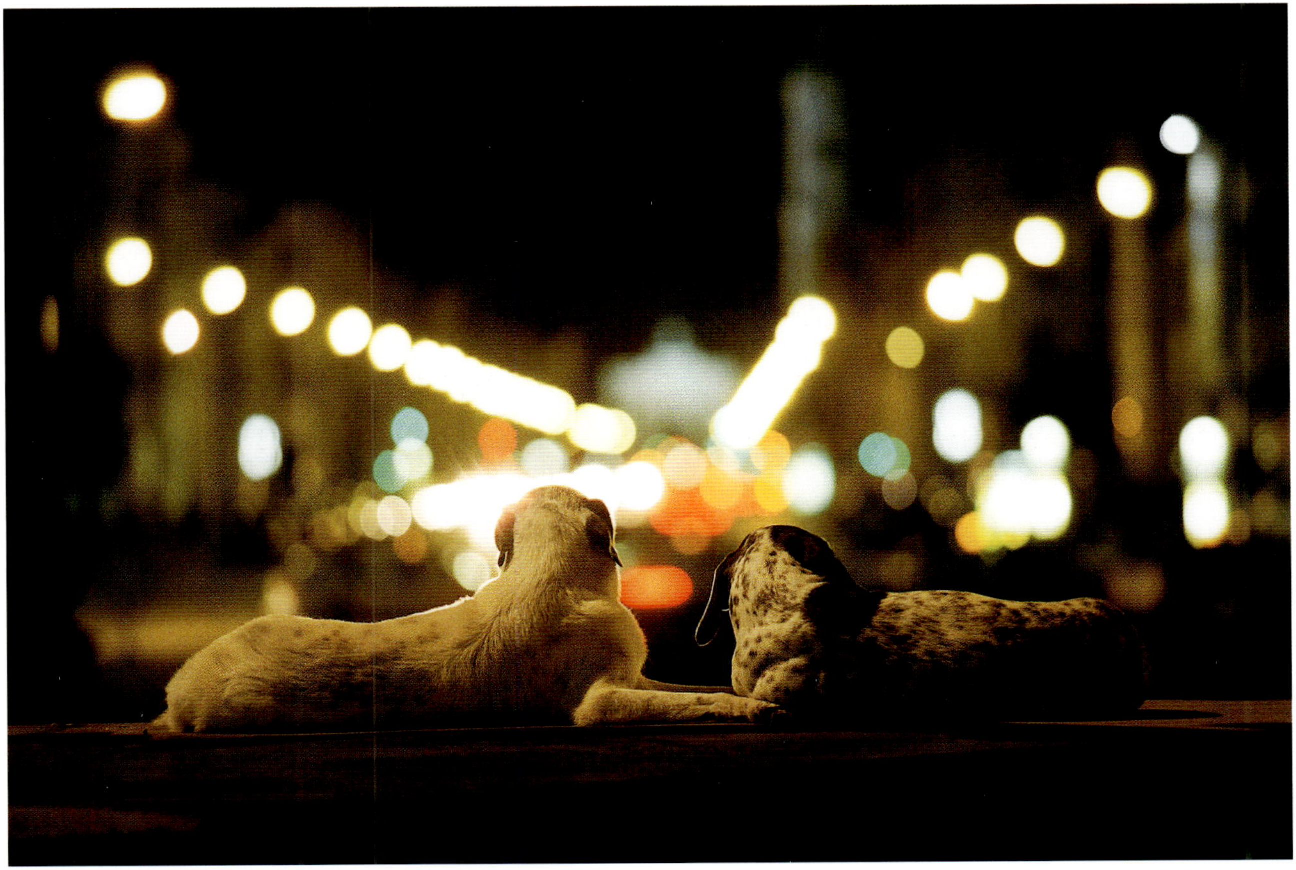

Zweisamkeitspecorino · **Feldherrnhalle**

Toni Anzenberger

Geboren 1969 in Wien. Von 1982 bis 1988 hat er an vielen internationalen Radrennen teilgenommen und fuhr schließlich im österreichischen Nationalteam.

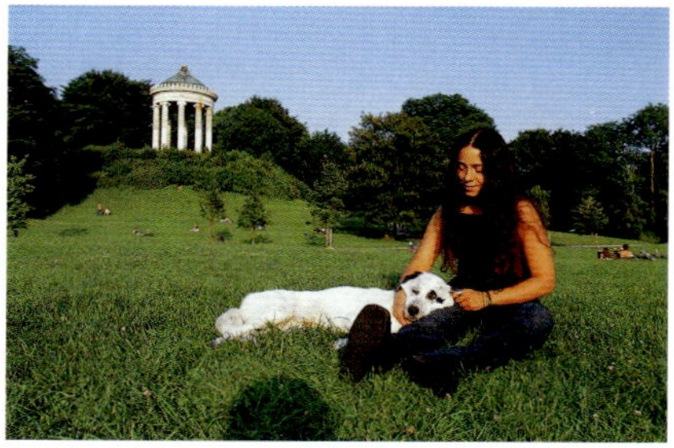

1989 begann die Zusammenarbeit mit seiner Schwester Regina Maria Anzenberger in deren Agentur für Fotografen. 1990 produzierte er seine ersten Fotoreportagen und von da an regelmäßig Arbeiten, die in Zeitschriften und Zeitungen wie *Amica, Bell'Europa, El País, D la Repubblica delle Donne, Fit for Fun, Focus, freundin, Geo Saison, Independent on Sunday, Reisemagazin, The New York Times, VSD* etc. veröffentlicht wurden. 1994 wurde seine Reportage über die »Orangenschlacht in Ivrea/Piemont« für die Projektion beim internationalen Fotofestival »Visa pour l'Image« in Perpignan, Frankreich, ausgewählt. 1999 Veröffentlichung von »Pecorino in Rimini« in *Photographers International* im Rahmen eines Specials über *Austrian Documentary Photography*. Im internationalen *Canon Kalender* für das Jahr 2000 wurden ausschließlich seine Toskana-Bilder verwendet. 2001 Beteiligung mit fünf Pecorino-Bildern an der Ausstellung über *Austrian Photography* in der Leica Gallery in New York. Im Jahr 2002 fand eine große Pecorino-Ausstellung im Palais Palffy in Wien statt.

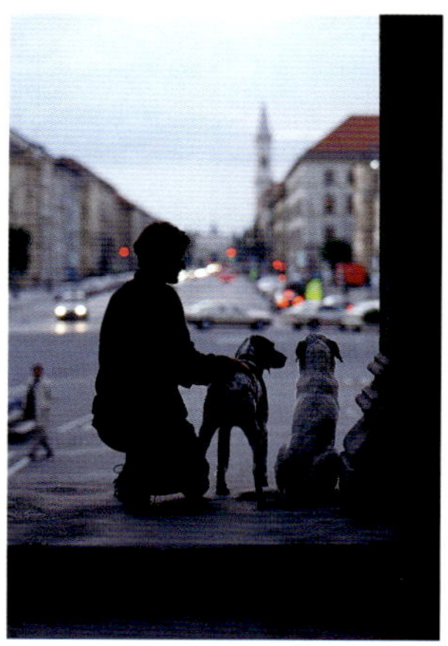

Wenn er nicht gerade auf Reisen ist, lebt und arbeitet Toni Anzenberger in München.

Die Pecorino-Reihe bei ars vivendi:
– *Pecorino in Paris* · Ein Hund geht um die Welt
Hardcover, 48 Seiten, ISBN 3-89716-234-2
– *Pecorino in Rimini* · Ein Hund geht um die Welt
Hardcover, 48 Seiten, ISBN 3-89716-235-0
– *Pecorino in Wien* · Ein Hund geht um die Welt
Hardcover, 48 Seiten, ISBN 3-89716-357-8

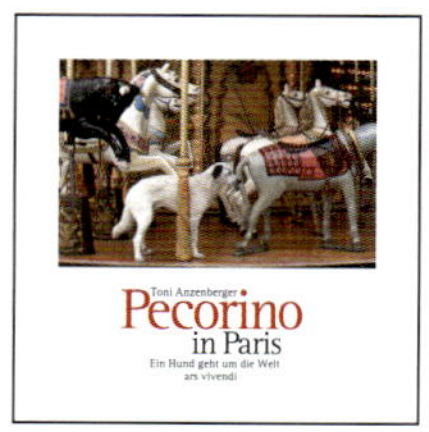

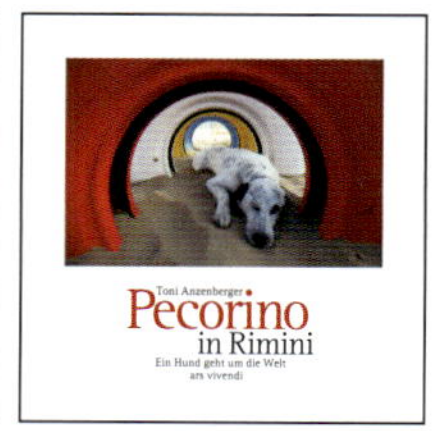

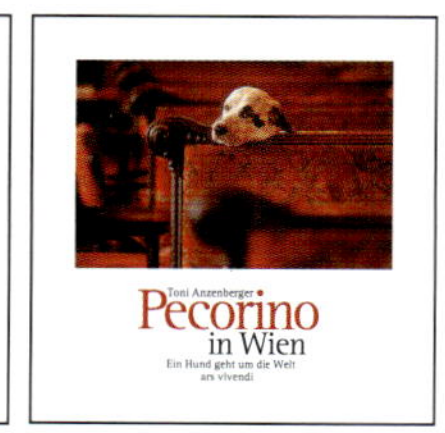

(Weitere Bände in Vorbereitung!)
Außerdem lieferbar:
Pecorino-Kalender
(Bitte fragen Sie bei Ihrem Buchhändler nach dem aktuellen *ars vivendi*-Kalenderprospekt)

Pecorino-Postkartenbuch
Pecorino
Kartoniert, 18 Postkarten
ISBN 3-89716-304-7

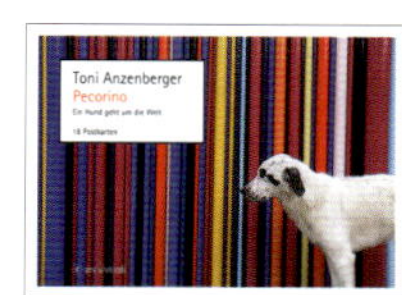

Pecorino-Einzelpostkarten
(Bitte fragen Sie bei Ihrem Buchhändler nach dem aktuellen *ars vivendi*-Postkartenprospekt)